AF457617

LUIS ANTHONY
SALAS ARISTA

TODO LO QUE NO PUDE *decirte*

Todo lo que no pude decirte

Primera edición: agosto de 2021

ISBN: 978-9915-9399-1-9

Dirección editorial: Juliana Del Pópolo
Corrección: Chiara Rodriguez
Diseño de cubierta e interior: H. Kramer

"Entre mis versos encuéntrate,
sino piérdete en mis letras".
Luis A. Salas

Dedico este libro a cualquier persona que deba sentir que es su libro.

A veces

A
veces
duele más
verte llegar.

Palabras que sobran

Solo
puedo
decirte que
di todo lo que
tenía que dar, luego
tú decidiste partir.

Sueño

Me
gusta
cuando
tengo un
sueño, y luego
despiertas a mi lado,
hecha realidad.

Tus besos

Si habláramos
de tus besos, me
quedaría sin poesía.

Paz y soledad

A
veces,
en soledad,
encuentro paz,
como también a veces
en soledad te encuentro.

Amar y olvidar

Amarla
fue tan sencillo,
¿por qué olvidarla
parece un reto?

Copas

Mil
copas no
solucionan nada,
pero tal vez mil y una,
sí.

Dolor

Fue tan
doloroso, que
si hubiese sido un cuento
le hubieran cambiado el final.

Gritos de amor

Si el
corazón
grita amor,
¿por qué lo callamos?

Locura y cordura

Vestí
mi locura
con cordura
para tratar de
expresar mi loco
amor por ti.

Ego

Tu
ego fue
tan grande
que hasta el
mismo universo
dejó de conspirar
para que algo nos uniera
de nuevo.

Lo peor

Lo
peor de todo,
es que puedes presumir
que aún te amo.

Lo siento

Te
mentí,
perdón.
Lo hice por
una razón, tú ya
te mentías a diario
tratando de quererme.

Juego terminado

Ahora
que me di
cuenta que solo
fui un juego para ti,
solo diré: Game over.

Por ti

Si
en este
mundo no
existiese el amor,
yo lo inventaría para ti.

Tu nombre

Luego
de decir tu
nombre, me he
dado cuenta de que me
gustaría acompañarlo de
un "te quiero".

Tragedia

Fue
triste,
te juro que
así lo fue. Pero
también fue lo mejor.

Confieso

Te
confieso
que aún hago
poesía con tu recuerdo.

Simple

Si
te vas,
no vuelvas.
Si te quedas,
no pienses en irte.
Así de simple.

Culpa

Si
al mirar
mis ojos encuentras
culpa, yo mismo me condeno.

¿Cómo no enamorarse?

Su
voz acaricia
mi alma, su paz
le sonríe a mi caos,
¿cómo no enamorarse?

Mil llamadas perdidas

Perdiste
muchas llamadas
mías, pero no hablo de
esas que te llegan al celular,
hablo de aquellas que te hizo el
corazón.

A ti

A ti,
tú que me
robaste hasta
los miedos, tú que
me robaste hasta el alma,
te lo dedico a ti.

Para tanto

Tal vez
el amor no
sea para tanto,
pero mientras
ámame con locura.

¿Por qué?

¿Por qué?,
¿por qué no te dije
cuando estabas a mi lado
que no existía vida después de ti?

Ahora te entiendo

Ahora
que ya no estás,
ahora que te fuiste,
logro entender cada lágrima.

Adiós

Adiós
me dijo,
y yo a Dios
le pedí por ella.

Todo lo que te llevaste

No te
preocupes,
solo te llevaste
mis ganas de sonreír.

Despertar

Al despertar,
mirarte dormir,
y al dormir, soñar
que despierto contigo.

Ojos

Tienes
esos ojos
color "calma"
que me gusta mirar
antes de irme a dormir.

Solo

Casi
al final de
nuestra relación,
me di cuenta que, aun
con tu compañía, estaba solo.

De qué me sirve

De
qué me
sirve tu mirar,
si no es a mí a quien
miras.

Alarma

Sonaron
las alarmas,
y aun así, decidí
quemarme por ti.

Feliz

Me
hace feliz
saber que tu felicidad
se asoma en cada sonrisa mía.

Amarme

Dicen
que para amar
hay que amarse a uno
mismo, no tienes ni idea
de cuánto me amaba.

Cicatrices

Estaba
lleno de cicatrices,
y llegaste con tu pinta
de enfermera a sanarme.

La razón

Nunca
le diré a nadie
que eres la razón de
mis versos más reales.

Lectura

Amaba
leerte por la
mañana, a veces
me gustaban más tus
"punto y coma".

Frío

No,
no era el
ambiente, eras
tú que provocabas ese
frío al recordarte.

Páginas en blanco

No
sabrás
nunca cuántas
páginas dejé en blanco
al escribir sobre ti.

Duele

Confieso
que duele(s),
cuando recuerdo tu indiferencia,
la distancia de amor que existió,
entre tú y yo.

Ausencia

Extraño
hasta tu ausencia.
En ese entonces sabía
que igual regresarías, solo que ya no.

Tu recuerdo

Cada vez
que estoy por
soltarte, por dejarte
ir, tu recuerdo toca mi puerta,
no quiero dejarlo entrar,
pero se cuela en mi
corazón.

Silencios

Entre
tantos silencios,
me dolieron más tus palabras.

Lo que me queda claro

Lo
que me
queda claro
es que, entre dudas,
tristeza y alcohol, no volverás.

Balanza

Si
existiese
una balanza
para poder pesar
en un lado tu amor
y al otro tu indiferencia,
sabría hace mucho que debí
irme.

Anatomía

Teniendo
tantos huesos
en el cuerpo, eliges
romperme el corazón...

Extraño

No
te confundas,
no te extraño, extraño
a quien era
contigo.

Al otro lado

Nos
vemos al
otro lado, donde
ya nada duele, pero
todo se extraña.

No hay dolor

En
mi mente
ya no hay dolor,
solo hay recuerdos.

Lo que no debí hacer

Sé
que no
debí dejarte ir,
sé que no debí rendirme,
pero también sé que cualquier
intento, ya no serviría.

Promesas

De entre
tantas promesas,
me quedo con esa que
nunca prometiste.

Etiquetas

Y me
llamaron loco,
loco es aquel que no
se atreve a amar. Luego
me llamaron cuerdo,
pero tampoco es
cuerdo aquel
que ama.

Mírame

Mírame a los ojos
y nota esos fuegos artificiales
que explotan en mi cabeza cuando
te veo venir hacia mí.

Letras y ojos

Mi amor,
tus ojos siguen
diciéndome te quiero,
espero que sepas leer los míos,
porque gritan te amo.

Loco

Tú
me tenías
loco con la ropa
puesta, y cuando me
la quitabas, no sé
si cabía en un
manicomio.

En medio del silencio

Y
si en
medio del
silencio escuchas
mi voz, es porque en
silencio te amo.

Todo

Tus
besos
lo son todo,
así que dame todo
a cada instante.

Bandera blanca

Viniste
sin armas
a mi guerra y
terminé sacando
la bandera blanca.

Verso erótico

Soy
nuevo
escribiendo
sobre tu piel, dime
¿te gustó el último verso?

Control

Quise
tener control
de todo, hasta de ti,
ahora veo el
gran error.

Planes

En
mis planes
nunca creí separarme
de ti, pero a la vida
siempre le gusta
darme la
contra.

Órbita

Jamás
creí que
podríamos
perdernos en
este espacio tan
vasto, creía que los
planetas nunca salían
de órbita, creo que
yo hice la de
Plutón.

Precio

El
amor
es gratis,
por lo menos
eso creía, hasta
que pagué el precio
de recordarte.

Te fuiste

Se fue
y no con las
manos vacías, en
ellas tenía cada trozo
que le entregué, tal vez por
eso no he vuelto a ser el mismo.

Una verdad

No
quiero
ponerte en
un mal lugar,
pero tal vez irme
fue lo que me
trajo paz.

Dispuesto

Estaba
dispuesto a
dejar todas mis dudas
en una caja de pandora, estaba
dispuesto a entregar lo que se debe entregar,
estaba dispuesto a engreírte, a mimarte,
a mirarte antes que tocarte,
pero como dije,
estaba…

Tal vez

Tal vez
la culpa no
fue del tiempo,
no fue de los silencios,
tal vez la culpa no fue de los
"te lo dije", aunque si así fue, tal vez
la culpa fue mía.

Prisa

Tal vez
no debí ir tan
de prisa, porque sin
importar qué hiciera, ya
era muy tarde.

Tragos

El
licor
me hace
pensarte un
poco más, o tal vez
solo busco a quien culpar
por no sacarte de mi
cabeza, de mi
vida.

Desorden

Llegaste
a desordenar
mi cama, mi vida,
mis pensamientos, y te
juro, no sabes cuánto
amo el desorden.

Universo

Yo
no estoy
seguro si fue
cuestión del universo,
pero agradezco encontrarte
en cada constelación.

Probar suerte

No me di
cuenta hasta el final
eso de que cuando uno
se va, no vuelve, y sí,
te fuiste.

Dolor

No comprendías,
juzgabas mi dolor sin
siquiera sentirlo, por eso
eras tan fría al contestar las
llamadas, los mensajes, no comprendías,
porque nunca lo habías sentido.

Pensé

Y siempre
pensé que te quedarías
conmigo, no que te quedarías
a la mitad de camino.

Ella

Ella
se encerró
en su propio mundo,
en uno que no tenía ni
constelaciones, ni estrellas,
pero a veces le gustaba mirar el
cielo, aunque no encontrara
nada, solo vacío.

Lo que nunca entendiste

Nunca
entendiste que
siempre te amaría,
aunque decidí rendirme,
aunque decidí dejarte ir, preferí
tu libertad y felicidad, antes
que un encierro y
fingir que todavía
me amabas.

Luego de tu amor

Luego
de nuestra
relación, entendí
todo lo que no quería,
ahora solo quisiera: amor,
paz, café y alguien que
sí me ame.

Dolor y herida

Siempre
leí que el dolor
está ligado a una herida,
estoy aquí y no hay dolor,
pero siento la herida.

Y a lo mejor

Tal vez,
y solo tal vez,
lo mejor fue irme
de ti.

Día a día

Pensando
en ti, me di
cuenta de que, día
a día, mi corazón
desprende poco a poco
esos latidos que eran de amor.

Quédate

Quédate
con quien te
haga sentir el amor
y no trate de hacértelo,
quédate donde la palabra
"sexo" sea solo una referencia.

Te alejaste y me alejé

Te alejaste
tanto, que cuando
quise decirte adiós, ya
no fue necesario.

Poder y miedos

Dicen que
mientras más
poder le das a tus
miedos, es cuando se
cumplen, ahora entiendo
por qué te fuiste.

En esos días

Recuerdo
esos días en que
no sabíamos ni qué
hacer, pero hasta el silencio
era divertido
contigo.

Para mi ex

Es cierto
que siempre
te decía lo linda
que estabas, y aunque
hoy te encuentras muy
lejos, quiero decirte que
sola estás igual
de linda.

¿Qué hacer?

¿Alguien
tiene la respuesta
a qué hacer cuando
aquello que amamos no
lucha por quedarse? Porque
la verdad, yo no lo sé.

Lo mínimo

¿Sabes
lo que esperaba
de ti? Solo que un día
cualquiera te sentaras a mi
lado y me dijeras te amo, pero ya
no puedo seguir con esto,
por lo menos así, no
moría en vida.

El amor

Nadie
sabe lo que
es el amor, de hecho
ni cuando lo sentimos, y
allí está el dilema, porque tal vez
cuando pensabas que lo
sentías por mí,
no era.

La idea

¿Sabes?
La idea era
pelear hasta
lograr nuestros
sueños y promesas,
no pelear hasta romperlas.

Soledad

Cuando
te fuiste sentí
que perdía algo, que
había un vacío, sentí que era
mi fin, pero el tiempo me enseñó
que me perdí a mí mismo al intentar
llenar un vacío inexistente, cuando
debí entender que era un
nuevo comienzo.

Al final

Al final
no fue tan malo,
tú vives feliz y yo siento
que puedo sanar, ni dependo
de ti, y tú no me amaste
tanto como decías.

Mi verdad

Después
de estar encerrado
en pensamientos y emociones
que ni yo mismo comprendía, supe
que prefiero ser el del corazón roto y lágrimas,
que saber que rompí una sonrisa y
hacer sentir a otra persona
como hoy me siento.

Memorias

Si le
escribo a
tu recuerdo, no te
sorprendas, es que prefiero
recordarme sonriendo contigo, que
saber que estoy triste sin ti.

Distancias

Creo que
nunca estuve tan
lejos de ti, como cuando
sentí tu indiferencia.

Perfección

Y el
secreto no
fueron los lugares,
la comida o las actividades,
el secreto siempre fue
tu compañía.

Mensajes

Cada mensaje
tuyo era una pequeña
caricia al corazón, pero al
final de todo, se sentía
como una puñalada.

Título inconcluso

Ni
siquiera sé
cómo llamar a
lo que tuvimos, no sé
si fue amor o ilusión, pero
prefiero dejar sin nombre a lo
que nunca volveré a sentir.

Como niño

Recuerdo
que cuando era
solo un pequeño, me gustaba
guardar todos mis juguetes en el bolsillo
de mis pantalones o casacas, era algo inexplicable,
era como si tuviera miedo de perder todo
aquello que me gustaba tener cerca
bueno, el punto es que, siento
lo mismo contigo.

Cuando me perdía en tu mirada

Nunca
pude decirte
que cuando me perdía
en tu mirada, en realidad me
encontraba a mí.

Esos besos

Sé
que debí
cambiar cada
enojo por un beso.

Odio

Odio
no haber
pedido perdón,
no haber parado cuando
debí, odio haber dicho cosas
con enojo en mí, odio tener que
odiar esos momentos.

Futuro

Es difícil cuando
proyectas tu futuro con esa
persona, luego de terminar todo
te sientes con tanto vacío y piensas, ¿ahora
quién si no fue ella? Cuando cada
espacio y cada plan cuadraba
exacto a su medida..

Todo

Todo tiene
solución, es verdad,
nunca pensé diferente, es
solo que no quise que esto lo tuviera,
porque en el fondo sabía que
alejarnos era la respuesta
a todos nuestros
problemas.

Llegará

Llegará
alguien que
entienda cómo
sientes, alguien que
aprecie tu honestidad, tu
locura, tus celos, tus demonios
internos, alguien que tenga
las mismas ganas de
amar que vos.

Defectos

Esto es
lo increíble
del amor, hace que
cada defecto sea un motivo
más para amar.

Sentimental

Y sí,
lo confieso,
siempre fui un
loco sentimental, pensé
que eso te gustaba de mí, pero
si no puedes quererme como soy, entonces
llegará una loca sentimental que sí lo
hará, y entre sentimentalismos
haremos un amor eterno.

Juzgar

En mi
vida, muchas
personas me juzgaron,
a pesar de ello estuviste allí,
sin creer en lo que decían y sin preguntar
si era verdad o no, y sabes,
eso siempre te lo voy
a agradecer.

No importó

Siempre
te di el poder
de destruirme, siempre
tenías en cuenta que era vulnerable
a ti, a tus palabras, a tus sentimientos, pero
no te importó, porque no me destruiste,
me mataste con tu despedida.

La decepción

Mi decepción
no fue por ti, ni por
cómo terminó, fue porque
no pensé que terminaría.

Quererte

Quererte
fue una montaña,
porque cada vez que
escalaba más alto, más
difícil era subir, y al final el
terminar fue como caer
de lo más alto.

Amor real

Estar
enamorado
nunca me había
sido tan sencillo, pero
contigo todo era tan fácil,
me refiero a sentimientos, ahora
el olvidarte es difícil.

Te deseo lo mejor

Ojalá,
la felicidad
toque tu puerta,
te diga "ven, te invito
un café", y te pueda dar
todos los momentos que yo
olvidé regalarte.

Otra vez soledad

Recuerdo
cuando la soledad
me acompañaba en mi cuarto,
y de nuevo me acompaña hoy, aunque
hoy la siento más ausente.

Tus lunares

Confieso
que miraba con
lujuria tu rostro, cada
uno de tus lunares eran un
pecado para mis deseos,
y me encantaba
arder.

No sé si lo sabes

En
este mundo
de heridas, tú
eres mi cicatriz.

Fallar

Siento
que fallé
hasta en las
palabras de amor
que te decía.

Mi mirada

Siempre,
pero siempre
te busco entre el
vapor de la ducha, a
veces te veo, pero te vas al
momento, como el
vapor.

Sostener y soltar

La pregunta
que siempre nos
haremos es ¿qué duele
más: sostener algo que no
quiere ser sostenido o soltar
eso que tanto deseamos?

Así de sincero

Sí,
tal vez
no sé amar
a la perfección,
y sí, tal vez no soy el
tesoro que todos desean
hallar, pero un amor así
de sincero, no podrás
encontrar.

No sé

No sé
si quiero
besarte como
la otra noche, o si
quiero otra noche para
besarte.

La historia de siempre

Esto
tenía la
pinta de ser
una historia nunca
contada, pero terminó
siendo la historia de siempre.

Aprendí

Aprendí
que no todas
las heridas cicatrizan,
aprendí que no todas las heridas
sanan, tú me sigues doliendo.

Quiero

A pesar
de nuestro
final, triste por
cierto, quiero que
sonrías como cuando
realmente sentías lo que
decías mientras me tomabas
la mano.

Poco a poco

Sí, poco
a poco te voy
olvidando, pero
también poco a poco
me voy doliendo.

Traidores

Los dos
somos traidores,
tú al engañarme, y yo
por engañarme al
pensar que sí
me amabas.

Guerras

Soy un
hombre de
guerras, pero
esta vez prefiero
sacar bandera blanca.

Que alguien me diga

Que alguien
me diga por qué
da tanto miedo perder
algo que nunca tuvimos.

Matemáticas

Yo nunca fui
bueno en matemáticas,
pero al darme cuenta cuánto
me restabas, decidí sumarme valor,
para multiplicar mi fuerza de voluntad
y decirte adiós, porque lo único
que hacías era dividir
mi amor.

Aprender

Las
mejores
enseñanzas
de la vida nos
llegan con el corazón
roto y un par de
lágrimas.

Puedo ser difícil

Sé
que a
veces puedo
ser difícil de querer,
pero si me tienes paciencia,
prometo regalarte lo mejor de mí.

Alma rota

Si me ves
sonriendo, o
tal vez muy feliz,
por favor, ven, abrázame,
estoy más destruido de lo que
parece.

¿Qué hubiera pasado?

Me pregunto,
¿qué hubiera pasado
si te hubiera abrazado con todas
mis fuerzas y no te hubieras ido? ¿Qué
hubiera pasado si simplemente te decía todo
lo que iba sentir si te marchabas?

Reflejo

Mirarse
al espejo y ver
el reflejo de toda la
tristeza que siente tu alma.

Casualidad

Y si por
casualidad nos
encontramos por la
calle, te prometo que voy
a sonreírte como siempre, y
para siempre.

Lo que tiene que ser

Y ya escuché
muchas veces que lo
que tiene que ser, será, pero
dime ¿tengo que sufrir tanto para
que lo que tenga que ser, sea?

Batallas

Tengo
tantas batallas
en mi cabeza, y todas
son en contra de recordarte.

Irónico

Lo irónico
de todo esto es que
a veces ya no quería ni verte,
y ahora a veces duele tu ausencia.

Extraño

Es verdad,
a veces te extraño,
pero también me extraño
siendo feliz.

Pasos en falso

Qué absurdo
pensar todo el futuro
junto a una persona, y dime, ¿qué
futuro ahora tengo sin ti a mi lado?

Me quiero

Me
quiero,
porque luego
de estar tan devastado,
me costó reconstruirme,
me costaron lágrimas, días malos y
mucho amor propio.

Mala costumbre

Tengo
la mala costumbre
de abrazar al pasado y
darle la espalda a mi presente.

Cómo decirlo

Cómo
decirte que
te esperaré siempre,
aunque sepa que la espera
es en vano.

Si me lees

Sé que
allá arriba
no llegan las cartas,
pero si fuera posible, ojalá
mis versos te llegaran al cielo,
solo para decirte que aún te quiero.

Corazones

Nunca he sido
de palabras, pero soy
ese tipo de persona que cuando
alguien le gusta, escribe el nombre con
corazones al costado.

No creo

No creo
en las reencarnaciones,
pero si eso es cierto, en mi siguiente
vida, te volveré a buscar.

Quiéreme

Quiéreme
así, en silencio,
quiéreme en voz baja
como quien se esconde, como
un niño haciendo una travesura.

La mejor forma

La mejor
forma de dar las
gracias siempre es con
un abrazo, es como si por un
detalle que te encanta cubrieras con
tus brazos a esa persona de todo el
mal del mundo.

Alma gemela

Al final
comprendí que
sí era mi alma gemela,
tanto así que supe que si
estuviera en su lugar, tampoco
regresaría.

Entendí

Entendí
que vale la pena
luchar por quien
también batalla por lo
mismo que tú.

Cielo

Si el
cielo nos
contara cuántas
miradas con los ojos
llorosos ha tenido que ver,
entenderíamos la lluvia.

Hablar

Últimamente
hablo más conmigo
que con las personas que
llamaba amigos, es que entiendo
que solo a mí puedo confiarme todo.

Valiente

No sé
a quién se
considera valiente,
pero he vivido batallas y
guerras en silencio, en las que he
perdido más de lo que imaginan, y
aun así sigo sonriendo.

Distancias

Nunca me
sentí tan lejos de
alguien, como cuando le
dije "te amo" y se quedó en
silencio.

La espera

Te esperé tanto
que hasta me apodaron
"Hachiko".

Preguntas al espejo

Le pregunté
al espejo si alguna vez
ibas a volver, y se quedó callado.

Hablar de amor

Hablar de amor
en frente de un enamorado,
es como hablarle de Dios a Jesús.

Verte

Si hay
algo que no
te dije, es que
eso de verte no se
me da, porque prefiero
admirarte.

Me quedé

Al final
me quedé queriendo
que me quieras, cuando
debí quererme cuando
tú no me querías.

Te quiero y quizá

Quizá
te quiero,
quizá me quieres,
quizá nos queremos, pero…
te quiero y quizá en eso se quede,
en solo un te quiero.

Estación

Toda
mi vida estuve
esperando tu tren, y
no me di cuenta que estaba
en el aeropuerto.

Me duele

Me duele
tener que llorarle
a tu recuerdo, que reclamarle
a mis sentimientos, y lo es que me
duele tener que sufrir tanto para poder superarte.

Dejar de pensarte

Y no he podido
dejar de pensarte, aunque
te versé más de una vez, no he podido
dejar de besar tu verso sobre mi cuaderno,
y no he podido versar tu beso en
mis mejillas.

¿A dónde?

¿A dónde
se va uno cuando
le dicen que no lo aman?

Lucha, batalla, esmérate

Siente,
no tengas
miedo de dejar
fluir tus emociones,
lucha, batalla, esmérate,
porque el amor es un buen
motor y tiene muy buena recompensa.

No te apagues

Mira,
existirán personas
que al mirarte se taparán
los ojos, algunos que usarán lentes
de sol, y sin importar cómo traten de apagarte,
sigue brillando.

Murmurar

Aprende
a gritar todo
aquello que murmuras.

Sonrisa

Me queda
tu sonrisa tatuada
en el recuerdo.

Me rindo a tu amor

Me rendí,
no al amor que
sentía por ti, me rendí
a tener que buscar el amor
que decías tener
por mí.

No lo menciones

Cuidado y
le menciones todo
lo que me desviví por ti,
porque puede que él mismo se
aleje de pensar que no
haría ni la mitad.

Trabalenguas

No presumo
de nada, pero soy
el único que pudo descifrar
ese trabalenguas que
hay en tus
labios.

Engaños

En esta
vida llena de
engaños, tú eres
mi verdad.

Puesta de sol

Nunca
me sentí tan
libre como cuando
nos sentábamos a ver las
puestas de sol en la azotea, con
una mantita que lleva guardados todos
nuestros secretos.

Despertar

Tenerte
a mi lado al
despertar es una
bueno forma que tiene
la vida de hacerme recordar,
que cada día debo
despertar.

Restar para sumar

Me di
cuenta que
no encajaba en
tu vida, entonces me
resté, para sumarte, ¿entiendes?

Llorar

Nadie nunca
sabrá que me dormía
esperando que deje de doler,
que lloraba sin consuelo hasta el
anochecer, que las sonrisas dolían
más al saber que no estabas
allí, conmigo.

Actitud

Siento que
la distancia no es
en realidad lo que nos
separa, tu actitud se siente
a kilómetros.

Mi mejor versión

Al final
de cuentas, no
te necesitaba para
ser mi mejor versión.

Usted

Usted
me descubrió
en medio de mi tristeza,
y me ayudó a pintarla de color
alegría. Usted, mi alegría.

Ya no quiero

Ya no quiero
prometer, quiero
cumplir todo lo que
siento, todo lo que me
nace, ya no quiero jurar,
solo quiero estar y cumplir.

No me pida

Me dijo
que me amaba,
pero que ya me olvidó,
mas yo aún no olvido que la amo.

No necesito

No necesito
regalos caros o
detalles únicos, no
necesito palabras bonitas
o cartas a diario, con un "te
quiero" sincero, me basta.

El corazón es duro

Siempre fui
el primer romántico,
siempre fui el detallista loco,
pero ahora, la experiencia me enseñó
que un corazón duro no duele.

Dejar

Dejar
de extrañarte
es lo que pido, dejar
de pensarte es lo que ruego,
dejar de lastimarme es lo que grito,
porque cada que recuerdo algo contigo,
me olvido un poco de mí.

Constante

Lo único
constante en mi
vida es que hay alguien
que siempre se va.

Mar

Me golpeó
la ola de realidad
cuando me senté a pescar
unas cuantas ilusiones, y lo único
que saqué de allí fueron sinsabores.

Errores

He cometido
más de mil errores
en mi vida, pero ninguno
me dolió tanto como dejarte ir.

Sin ti

A veces
sonrío para encubrir
mi tristeza, a veces me divierto,
aunque me sienta en soledad, a veces
me siento en la tierra cuando ando perdido,
a veces me imagino contigo, aunque
esté sin ti.

Partir

Luego de
partir, me di cuenta
que la paz es una elección,
y lo prefiero así.

Dolor

El dolor
me acompaña a
diario, le he pedido ya
que no siga aquí, pero es terco,
le gusta acompañarme
cada noche, cada
día.

Ojalá

Ojalá
que cuando
vuelva a saber de
ti, me cuenten que la
vida te ha sonreído más
a ti, que a mí.

Las cosas que imaginé

Espero que
todo lo que imaginé
contigo de todas formas
pase, aunque con otra persona,
aunque me parte en dos.

Lo único que puedo dar

No tengo más
que ofrecer que un
pedazo de mi alma por
cada poema que escribo pensando
en ti.

Indecisión

No quiero ser
tu hoy sí-mañana no,
y un futuro que tiene pinta
de un tal vez.

Cansado

No les pasa
que se sienten cansados,
pero no se trata de dormir, ¿verdad?

Contracorriente

Me advirtieron
que no me enamore,
me advirtieron que podría
terminar mal, y yo aquí, remando
a contracorriente para estar contigo.

Amor entre sábanas

Ninguna
cama me recibe
con tu olor, y es que
intenté en muchas.

Hablándole al espejo

«Deja de llorar,
deja de sentirte insuficiente,
deja de creer que tienes la culpa,
deja de pensar que fue tu error,
deja de creer que es por ti»,
le dije al chico del
espejo.

Entre mi vida y tú

Si me
dieran a
escoger entre
mi vida y tú, pues
escogería mi vida, para
dedicártela a ti.

Todo lo que no pude decir (te) quiero

Todo lo que no pude decirte, te lo escribo, para que, en algún momento, por casualidades de la vida, si es que existe, puedas darte cuenta qué existía entre tanto silencio y entre tantas lágrimas, en cada enojo y en cada despedida. Todo lo que no pude decirte se resume en que no pude decirte que te quiero, en que, arrepentido o no, las cosas siguen como quien escribe un libro como este, y aunque esté inspirado en todo lo que no te dije, espero lo escuches de alguien más.

AGRADECIMIENTOS

Agradezco a Dios y a mi familia, porque sin su ayuda y guía no habría podido realizar mi sueño. Agradezco a mis amigos, que siempre me motivaron para seguir adelante. Agradezco al ordenador, que me vio reflejado en su pantalla día y noche, tratando de plasmar mis sentimientos. Agradezco a la silla, que tuvo que soportar mi peso y el de mis ideas mientras escribía. Agradezco a YouTube por todas las canciones de fondo que tenía en su repertorio para poder concentrarme. Y por supuesto, te agradezco a ti, por leerme de día o de noche, por cinco o diez minutos, por tomarte el tiempo de valorar lo que valoro.

ÍNDICE

www.ingramcontent.com/pod-product-compliance
Ingram Content Group UK Ltd.
Pitfield, Milton Keynes, MK11 3LW, UK
UKHW022006190726
13853UKWH00004B/1759

9 789915 939919